JN023733

運動ができる 👍 すきになる本

④

ボールなげ

ドッジボール

眞榮里耕太／監修

はじめに

ドッジボールをしているとき、

なげたボールがかんたんにとられてしまう、すぐにあてられてしまう

ということはありませんか？

そんなことがあると、ドッジボールがあまりすきになれませんよね。

☑ ボールを遠くまでなげる

☑ ボールを強くなげる

☑ とんできたボールをキャッチする

ボールをなげたりとったりすることは、ドッジボールだけでなく、

いろいろなボール運動のきほんになります。

本に書いてあるポイントに気をつけて、れんしゅうしてみましょう。

じゅんびと気をつけること

☑ つめをきる
☑ うわぎをずぼんに入れる
☑ ずぼんのひもをしまう
☑ ぼうしをかぶる
☑ かみが長い子はむすぶ
☑ 運動ぐつをはく
☑ じゅんび運動をする
☑ 水分をとる

つばが前にくるように
かぶる。
ごむひもをかける。

ぼうし

うわぎのすそをずぼんに
入れる。

うわぎ

マジックテープはしっか
り止める。ひもはしっか
りむすぶ。

くつ

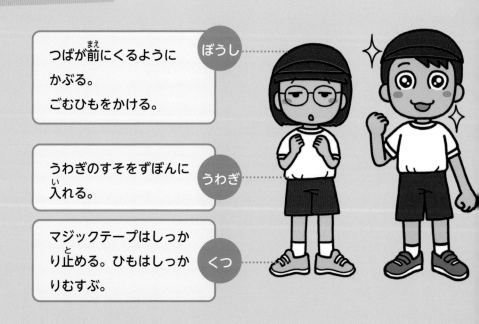

もくじ

1章:ボールなげ

☑ ボールをなげたり、けったりするときは、広いところでおこなう

☑ たてものやかべにむかってなげたり、けったりしない

☑ まわりの人にボールをぶつけないようにする

☑ つきゆびをしないようにする

2章:ドッジボール

☑ あいての顔や頭にあてない

☑ にげるときに、友だちをおさない

☑ なげるときも、にげるときもコートの線をふまない

この本のつかい方

このシリーズは、運動ができるようになりたい人たちの
いろいろななやみにこたえて、かいけつする本です。
さまざまな運動や場面ごとにしょうかいしていますので、
どこから読んでもかまいません。
気になるところから読んでみてください。

運動のさまざまな
場面で、できるよう
になりたいこと

なやみのかいけつ
ほうほうが書いて
あるページ

なやみをかいけつしたり、できるようになりたい
ことをかなえるほうほう。その中でもいちばん
だいじなポイントをしょうかい

よくあるなやみや、できるように
なりたいこと

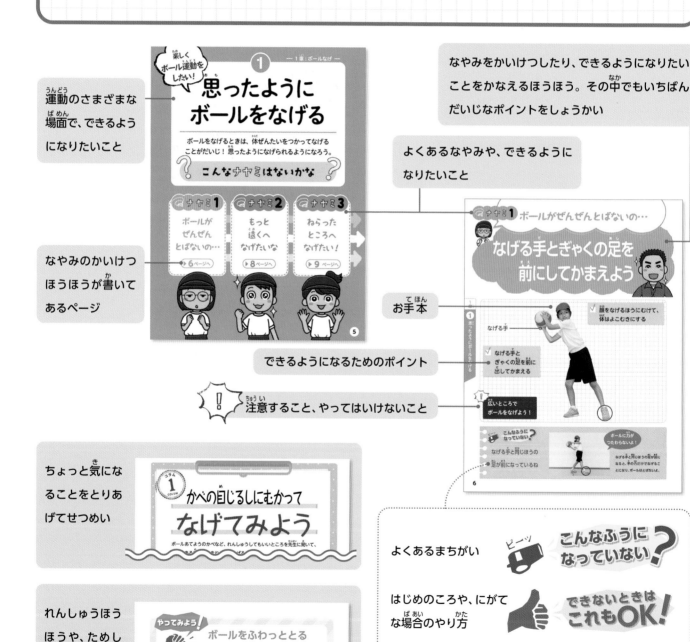

できるようになるためのポイント

！ 注意すること、やってはいけないこと

お手本

ちょっと気にな
ることをとりあ
げてせつめい

れんしゅうほう
ほうや、ためし
てみたいことを
せつめい

よくあるまちがい

はじめのころや、にがて
な場合のやり方

気になること、聞いてみ
たいこと

楽しく
ボール運動を
したい！

思ったように
ボールをなげる

ボールをなげるときは、体ぜんたいをつかってなげる
ことがだいじ！ 思ったようになげられるようになろう。

こんなナヤミはないかな

ナヤミ**1**	ナヤミ**2**	ナヤミ**3**
ボールが ぜんぜん とばないの…	もっと 遠くへ なげたいな	ねらった ところへ なげたい！
▶ 6 ページへ	▶ 8 ページへ	▶ 9 ページへ

なげる手とぎゃくの足を前にしてかまえよう

1章

① 思ったようにボールをなげる

なげる手 ──────○

✓ なげる手と
ぎゃくの足を前に
出してかまえる

✓ 顔をなげるほうにむけて、
体はよこむきにする

! 広いところで
ボールをなげよう！

 こんなふうに
なっていない？

なげる手と同じほうの
足が前になっているね

ボールに力が
つたわらないよ！

なげる手と同じほうの足が前に
なると、手の力だけでなげるこ
とになり、ボールはとばないよ。

耳のよこから前に おすようになげよう！

ステップ 1

耳のよこで ボールを かまえる

✓ ひじを うしろに 引く

✓ うしろの 足に 体重を のせる

ステップ 2

ボールをなげる

✓ 前におす ように なげる

✓ 前足に 体重を かける

できないときは これもOK！

大きいボールは

両手でなげる

しっかりつかめるね

大きいボールは、両手でなげてもいいよ。ボールに力をつたえることが大切だよ。

ナヤミ2 もっと遠くへなげたいな

大きく体をひねってうでを強くふろう！

1章

1 思ったようにボールをなげる

ステップ1

なげる直前

☑ なげるほうとはんたいを見る

☑ うしろの足に体重をのせる

ステップ2

ふりむきながら体をひねってなげる

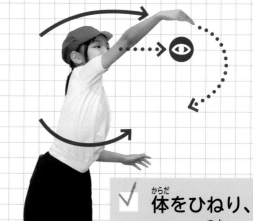

☑ 体をひねり、うでを強くふる

☑ 前足に体重をかける

やってみよう！

バウンドなげでパワーアップしよう

うでを強くふる力がつく

ボールが高くはねるように、ボールを下に強くたたきつけよう。頭の上から、手をふりおろすんだ。

なげたいところを 見てなげよう！

ステップ1

かまえる

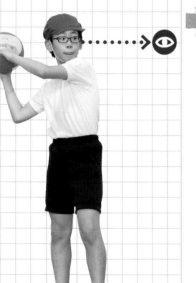

✓ ねらった
ところを
見てかまえる

ステップ2

1歩ふみ出す

✓ ねらったところから
目をはなさない

✓ なげるほうに
足をふみ出す

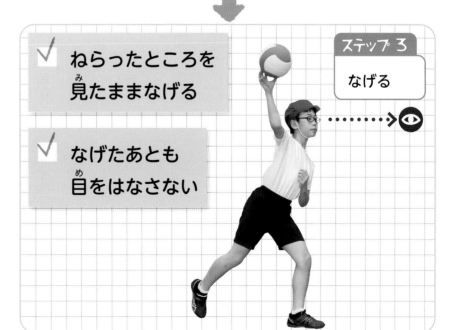

✓ ねらったところを
見たままなげる

✓ なげたあとも
目をはなさない

ステップ3

なげる

9

かべの目じるしにむかって

なげてみよう

ボールあてようのかべなど、かべあてしてもいいところを
先生に聞いて、かべにある目じるしをねらってなげるといいよ。
思ったようにボールをなげるれんしゅうを何回もしよう。

1 目じるしをきめる

2 目じるしにむかって ボールをなげる

ボールをあてるかべの目じるしを
きめよう。色がかわっているとこ
ろや、もようを目じるしにすると
いいよ。

目じるしにむかってボールをなげ
よう。かべの近くからはじめて、
あたるようになったら、だんだん
遠くからなげ、ボールの強さもか
えてみよう。

**かべにちょくせつ目じるしをかいたり、
きずをつけてはいけません**

楽しく
ボール運動を
したい！

② ボールを
しっかりとる

とんでくるボールがこわい！ とるときに手がいたい！
こわがらずにボールをよく見てしっかりとろう。

 こんなナヤミはないかな

ナヤミ1
こわくて
ボールを
おとしちゃう…
▶12ページへ

ナヤミ2
強いボールを
とって
みたいの…
▶14ページへ

ナヤミ3
かっこよく
手だけで
とりたい！
▶16ページへ

目をつぶらずに ボールをとろう

✓ 顔をボールのほうに
むけてかまえる

✓ 目をしっかりあけて
ボールを見る

✓ 両手で
うけとめる

✓ 下からしっかり
むねでかかえる

こんなふうに
なっていない？

目をつぶって、

顔がよこをむいているね

とんできたボールを
しっかりとれないよ！

目をとじたり、顔がよこをむいたりすると、
とんできたボールが見えず、しっかりとれ
ないよ。

やってみよう！

ボールをふわっととる れんしゅうをしよう！

ボールを手ではじいておとしてしまわないように、ふわっととるようにしよう。
手とひじをやわらかくつかうとうまくいくよ。

ボールのこわさが
なくなる

① 近くからそっとなげてもらった ボールをとろう

近くからやわらかいボールをなげて
もらおう。ボールが両手にさわったら、
少しひじをまげてむねでかかえよう。

むねの前でボールを
とれるようになる

② 真上になげておちてくる ボールをとろう

ボールを両手で真上になげて、おちて
くるボールを体の前でとろう。ボール
がおちてくる場所まですばやくいって
かかえるようにとるんだ。なれてきた
らボールをだんだん高くまで上げてい
こう。

ナヤミ2 強い（つよ）ボールを とってみたいの…

しっかりかまえてボールを しょうめんでとろう！

ステップ 1

かまえる

✓ 両手（りょうて）をひろげて しっかりかまえる

✓ ひじをかるくまげる

✓ なげる人（ひと）のほうをむく

ステップ 2

ボールを とる

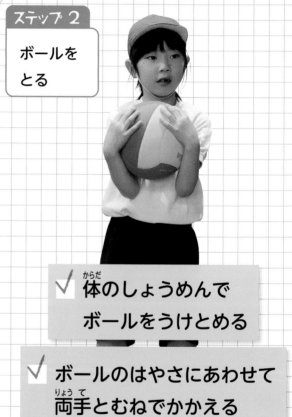

✓ 体（からだ）のしょうめんで ボールをうけとめる

✓ ボールのはやさにあわせて 両手（りょうて）とむねでかかえる

こんなふうに なっていない？

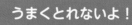

うまくとれないよ！

体（からだ）がななめを むいているね

体（からだ）がななめをむくと、両手（りょうて）とむねで しっかりボールをうけとめられず、 はじいてしまう。

強いボールになれる れんしゅうをしよう

ボールをとるかまえをおぼえて、体のしょうめんでうけとめるようにすれば、
強いボールもこわがらずにとれるようになるよ。

① なげてもらったボールを 手のひらにあてておとそう

手の出し方がわかる

友だちになげてもらったボールを、両手で体の前におとそう。ゆびを前に出さないで、手のひらぜんたいをボールにあてるようにするんだ。

② 少しはなれた場所から なげてもらったボールをとる

ボールがよく見えて とれるようになる

ボールを少しはなれた場所からなげてもらおう。遠くからくるボールはとんでいる時間が長くてよく見えるから、とんでくるはやさや強さもわかるよ。手のひらぜんたいでボールをうけとめたら、うでを引きながらひじをまげ、むねでかかえてとろう。

手のひらにボールをあてて うでをやわらかく引こう！

ステップ1

かまえる

✓ ゆびを大きくひらく

✓ 手のひらを前にむける

✓ ひじの力をぬく

ステップ2

ボールをとる

✓ ボールを よく見る

✓ 体のしょうめんで うける

✓ 手のひらに ボールが あたったら ひじをまげる

こんなふうに なっていない？

つきゆびを してしまうよ！

ゆびが手のひらより 前に出ているよ

ボールがはね かえってしまう！

ひじがのびた ままだね

16

やってみよう！

いろいろなとり方を ためしてみよう

ボールのくる場所にすばやく動いて、ボールをちゃんととれるとかっこいいね。
友だちにボールをなげてもらって、かっこよくとれるようになろう！

① 右や左にボールを なげてもらう

かまえているところとは、少しだけ
ちがうところにボールをなげてもら
おう。とるときはボールがくるとこ
ろにすばやく動いて、かならずしょ
うめんをむいてボールをとろう。

体のしょうめんで
ボールをとれるようになる

② 2人組でバスケットボールのように 両手でパスをしよう

両手でとったボールを、そのまま両
手でおし出すようにパスするんだ。
はじめは近くで弱いパスをして、だ
んだんはなれて強いパスにしていこ
う。うけとったボールをもちかえな
いでパスすると、ひじのつかい方が
うまくなるよ。

ひじのつかい方が
うまくなる

コラム
2
COLUM

楽しくキャッチボールをするにはどうしたらいい?

キャッチボールは、2人1組でボールをなげあう。
楽しくキャッチボールをするには、あいてがとりやすいように
やさしくなげて、しっかりキャッチすることが大切だ。

＼ ポイント ／

1

あいてのむねを
めがけてなげる

なげる人は、あいてのむねをめがけて、とりやすいボールをなげよう。力まかせになげると、とりにくいよ。ていねいにコントロールしてなげるんだ。

＼ ポイント ／

2

むねで
かかえるように
キャッチする

とる人は、ボールのくる場所へいってかまえ、むねでかかえるようにとろう。とんでくるボールにたいして、しょうめんになるように体をむけて、しっかりボールを見ることが大切だよ。

1章

2
ボールをしっかりとる

楽しく
ボール運動を
したい！

③ ボールけりにも チャレンジする

ボールをけるときは、じく足と助走がだいじだ！
じく足をおく場所や助走のコツを身につけよう。

こんなナヤミはないかな

ナヤミ**1**

足がボールに
ちゃんと
あたらないの…

▶**20**ページへ

ナヤミ**2**

遠くまで
とばしたいん
だけど…

▶**21**ページへ

ナヤミ**3**

ねらった
ところに強く
けりたい！

▶**22**ページへ

じく足をボールの 近くにおいてけろう

じく足

ける足

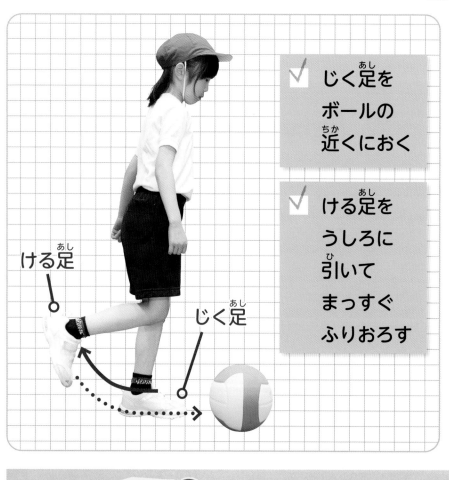

ける足

じく足

☑ じく足を ボールの 近くにおく

☑ ける足を うしろに 引いて まっすぐ ふりおろす

じく足はボールの 少しななめうしろにおこう。 ボールのすぐうしろや 近すぎると、けりにくいよ。

ピーッ

こんなふうに なっていない？

じく足が

うしろすぎだね

からぶりして しまう！

じく足が遠すぎると、 ける足がボールにとどかない。

20

ナヤミ2 遠くまでとばしたいんだけど…

助走して
思いきりけろう!

ステップ1

助走する

☑ 2、3歩
助走する

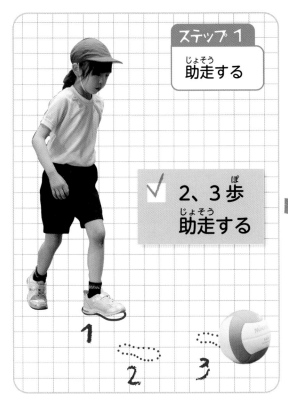

1
2
3

ステップ2

力いっぱいける

☑ 助走した
いきおいの
まま
思いきり
ける

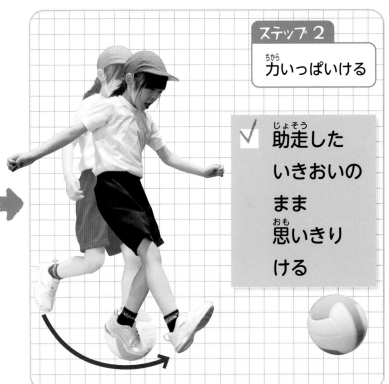

1章

③ ボールけりにもチャレンジする

やってみよう!

助走の長さを
きめよう

じく足をボールの近くにおいてから、
1・2・3とうしろにさがった場所から、
助走をしよう。

助走がちょうどいい長さになる

けるときの
じく足の場所

3
2
1

21

ナヤミ 3 ねらったところに強くけりたい！

ボールのまん中を まっすぐに強くけろう

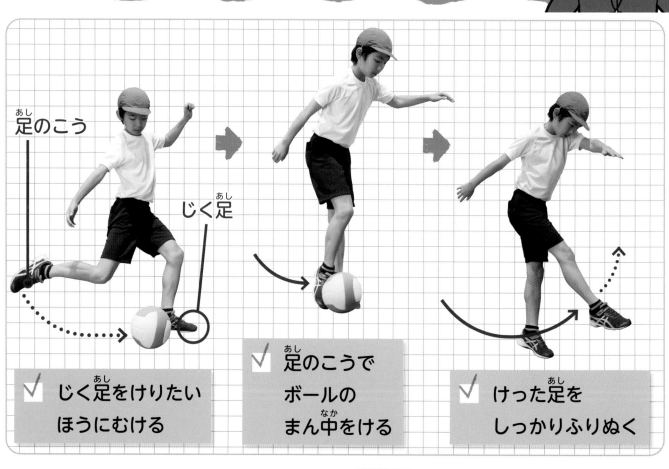

1章

3 ボールけりにもチャレンジする

足のこう

じく足

✓ じく足をけりたい ほうにむける

✓ 足のこうで ボールの まん中をける

✓ けった足を しっかりふりぬく

ピーッ こんなふうに なっていない？

ボールがななめに とんでしまうよ！

ボールのはしを けっているね

ボールのはし をけると、ボー ルがまっすぐ にとばない。

みんなで
ドッジボールを
したい！

ドッジボールを
みんなで楽しむ

ドッジボールのきほんは、「にげる」「とる」「あてる」の
3つの動きだ！ ドッジボールで楽しくゲームをしよう。

こんなナヤミはないかな

ナヤミ1

にげても
すぐに
あてられちゃう

▶24ページへ

ナヤミ2

あいての
ボールをとって
みたいの…

▶26ページへ

ナヤミ3

てきに
ボールを
あてたい！

▶27ページへ

ボールからはなれた場所へ すばやくにげよう

2章

ドッジボールをみんなで楽しむ

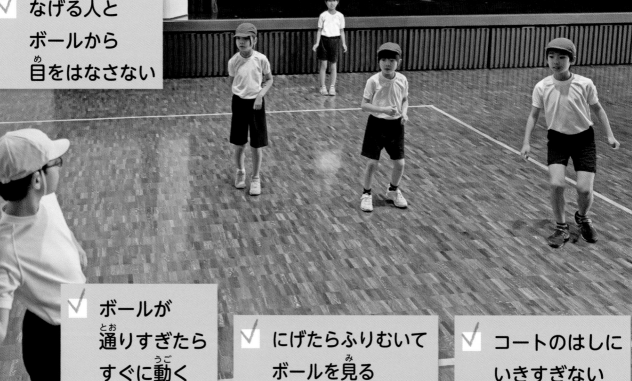

✓ なげる人と ボールから 目をはなさない

✓ ボールが 通りすぎたら すぐに動く

✓ にげたらふりむいて ボールを見る

✓ コートのはしに いきすぎない

こんなふうに なっていない？

みんなではしのほうに

にげすぎだね

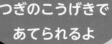

つぎのこうげきで あてられるよ

はしまでにげすぎると、つぎに ねらわれやすい。ボールをもっ ていないほかのてきがいる場所 もよく見よう。

ボールをよく見て よこによけよう！

ステップ **1**

かまえる

☑ ボールから 目をはなさない

ステップ **2**

よける

☑ ボールを よく見て よこによける

☑ せなかをむけて よけない

ピーッ こんなふうに なっていない？

うしろにさがって

よけているね

あたってしまうよ！

ボールはまっすぐむかってくるから、うしろにさがってよけても、よけきれなくてあたってしまうよ。

なげる人のほうをむいて むねでかかえてとろう!

ステップ **1**

かまえる

☑ にげるかとるか 先にきめておく

☑ なげる人と ボールをよく見る

ステップ **2**

とる

☑ しょうめんで しっかりとる

☑ むねでかかえる ようにとる

ピーッ こんなふうに なっていない?

よこでボールを とっているね

しっかりボールが とれないよ!

ボールを体のしょうめんでうけ とめないと、ボールをはじいて しまう。

26

ナヤミ 3 　てきにボールをあてたい！

足をねらって すばやくなげよう！

2章 ドッジボールをみんなで楽しむ

☑ あてるてきを すぐにきめる

☑ ボールをとったら すばやくなげる

☑ 足をねらう

ボールをキャッチしたときに、てきが近くにいたら、ボールをもちかえたり、かまえたりせず、両手でかるくなげてすばやくあてよう。

やってみよう！

ドッジボールで
かつさくせんを
たてよう

ドッジボールには
公式(こうしき)ルールがあるんだ。
12人(にんたい)対12人(にん)で5分間(ふんかん)
たたかうんだよ。

ドッジボールでかつために、いちばん大切(たいせつ)なのはチームワークだ。
チームのなかまと力(ちから)をあわせて、かつためのさくせんをたてよう！

① ボールをもっているときのさくせん

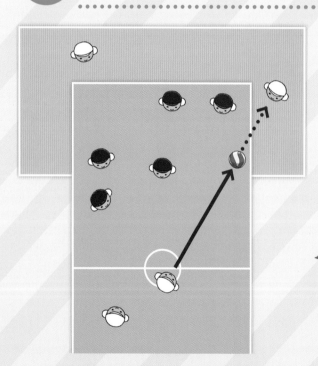

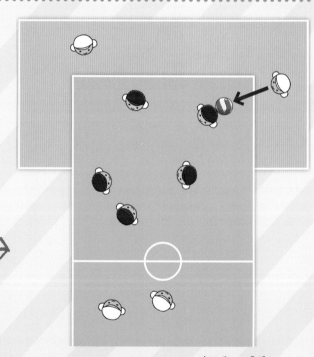

むりにあてようとしないで、まずは
みかたにすばやくパスをしよう。

パスをすると、てきの内野(ないや)が動(うご)く。
おしりをむけてにげているてきを
見(み)つけたらあてにいこう。

きほんルール

2チームにわかれて、あいてチームの人にボールをあてるゲーム。チームごとに内野（ないや）と外野（がいや）にわかれる。外野は、あいてチームのコートの外側（そとがわ）に立（た）つ。内野（ないや）の人（ひと）があてられると、外野（がいや）へ出（で）る。

！ **あいての顔（かお）や頭（あたま）にあてない！**

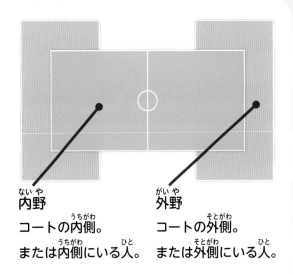

内野（ないや）
コートの内側（うちがわ）。
または内側（うちがわ）にいる人（ひと）。

外野（がいや）
コートの外側（そとがわ）。
または外側（そとがわ）にいる人（ひと）。

② ボールをもっていないときのさくせん

できるだけ広（ひろ）がって、ボールのある場所（ばしょ）をむいてかまえよう。はしにいきすぎるとパスをつかったこうげきでねらわれるから気（き）をつけよう。ボールをとるのがとくいな人（ひと）は、なかまより前（まえ）に出（で）てチームをまもろう。

ピーッ **こんなふうに なっていない？**

集（あつ）まりすぎだよ

集（あつ）まりすぎると、ボールがよく見（み）えないからよけたり、にげたりできない。

あてられちゃう！

チェックリスト

コピーして
つかってね

ボールなげ、ドッジボールがじょうずになるための
ポイントをまとめたよ。できたものにチェックしよう！

チェック
ポイント！ **ボールなげ**

ボールをなげる

- □ なげる手とぎゃくの足を
  前にしてかまえる
- □ 耳のよこから前に
  おすようになげる
- □ 大きく体をひねって
  うでを強くふる
- □ なげたいところを
  見てなげる
- □ **思ったようにボールを
  なげることができた！**

ボールをとる

- □ 目をつぶらずにとる
- □ しっかりかまえて
  しょうめんでとる
- □ ボールを手のひらにあてて
  うでをやわらかく引く
- □ **ボールをしっかり
  とることができた！**

ボールをける

- □ じく足をボールの近くに
  おいてける
- □ 助走して思いきりける
- □ ボールのまん中をまっすぐに
  強くける
- □ **ボールをけることができた！**

チェックポイント！ ドッジボール

ドッジボールを楽しむ

- □ ボールからはなれた場所へ すばやくにげる
- □ ボールをよく見て よこによける
- □ なげる人のほうをむいて むねでかかえてとる
- □ 足をねらって すばやくなげる
- □ 楽しくドッジボールが できた！

さくいん

監修　　　　　　　筑波大学附属小学校　教諭　眞榮里耕太

1980年生まれ。筑波大学附属小学校教諭、筑波学校体育研究会理事、初等教育研究会会員。著書、監修に『小学校体育 写真でわかる運動と指導のポイント』（大修館書店）、『小学生の動きつくり・体つくりの教科書』（ベースボールマガジン社）、『子どもの運動能力をグングン伸ばす！1時間に2教材を扱う「組み合わせ単元」でつくる筑波の体育授業』『できる子が圧倒的に増える！「お手伝い・補助」で一緒に伸びる筑波の体育授業』（ともに明治図書出版）がある。

企画・制作　　　　やじろべー

編集協力・DTP　　サティスフィールド

デザイン　　　　　ヨダトモコ

イラスト　　　　　河原ちょっと

撮影　　　　　　　小林 靖

運動ができる・すきになる本

ボールなげ／ドッジボール

2020 年 8 月 20 日初版第 1 刷印刷　　2020 年 8 月 30 日初版第 1 刷発行

監修　眞榮里耕太
編集　株式会社　国土社編集部
発行　株式会社　国土社
　　　〒101-0062　東京都千代田区神田駿河台 2-5
　　　TEL 03-6272-6125　　FAX 03-6272-6126　　https://www.kokudosha.co.jp
印刷　株式会社　厚徳社
製本　株式会社　難波製本

NDC780　32P　29cm　ISBN978-4-337-17604-1 C8375
© 2020 KOKUDOSHA / Printed in Japan